NOUVELLE-CALÉDONIE ET DÉPENDANCES

RAPPORT

DE LA

COMMISSION COLONIALE

SUR LE

PROJET DE BUDGET DE 1892

NOUMÉA

IMPRIMERIE NOUMÉENNE

1891

RAPPORT

DE LA

COMMISSION COLONIALE

SUR LE

PROJET DE BUDGET DE 1892

NOUMÉA

IMPRIMERIE NOUMÉENNE

1891

RAPPORT

de la Commission coloniale sur le projet de budget de 1892.

———

Messieurs,

Les observations qui vous ont été soumises les années précédentes peuvent encore s'appliquer au projet de budget de 1892, que vous allez avoir à examiner.

Nous avons eu déjà l'occasion de faire ressortir combien était regrettable la division actuelle du budget et les avantages qu'il y aurait à l'établir en un plus grand nombre de chapitres.

Ces avantages sont de plusieurs sortes.

D'abord, cette manière de faire empêcherait les modifications apportées après coup à vos décisions, ce qui est facile actuellement, grâce à la faculté laissée à l'Administration de se mouvoir comme elle l'entend dans les crédits d'un même chapitre.

Ensuite, elle rendrait plus facile le contrôle de la Commission coloniale qui, avec le système de budget en cinq chapitres, que vous présente l'Administration, est astreinte à un travail considérable, rendu plus difficile encore par les remaniements et les virements auxquels nous faisions allusion plus haut.

Enfin, au point de vue de la clarté même des opérations, n'est-il pas préférable de n'avoir, dans un même chapitre, que des articles présentant une corrélation ; et n'est-il pas extraordinaire de faire marcher de front l'immigration, la police et le service de l'enregistrement? Nous pourrions citer d'autres anomalies ; nous croyons que ce serait inutile ; il suffit d'ouvrir le budget pour s'en rendre compte.

Il n'y a donc pas à hésiter ; vous vous trouvez, Messieurs, en présence d'une mesure qui s'impose. Votre Commission, néanmoins, a cru que son rôle devait se borner à appeler de nouveau votre attention sur cette situation et à vous laisser le soin d'apporter vous-mêmes telle modification que vous jugerez convenable.

En dehors de ce point de vue général, nous avons à déplorer l'augmentation constante et progressive des dépenses du personnel de certains services, et le maintien de certaines prévisions contre lesquelles le Conseil général tout entier s'est toujours élevé ; mais nous suivrons, si vous le voulez bien, pour cet examen, l'ordre même du budget.

BUDGET DES RECETTES

Les prévisions des recettes pour l'exercice prochain nous semblent avoir été évalués avec une prudence qui, pour avoir été inspirée par une pensée fort louable, n'en est pas moins exagérée.

Plusieurs des chiffres prévus par l'Administration pourraient, à notre avis, être augmentés, sans que nous ayons pour cela à craindre une moins-value dans leur recouvrement.

Vous remarquerez cependant, Messieurs, qu'en dehors de quelques articles, nous nous sommes abstenu de vous donner notre appréciation sur les augmentations à prévoir, préférant vous laisser le soin d'en décider l'opportunité et d'en fixer le chiffre.

Recettes ordinaires

Contribution foncière. — L'augmentation de 5,000 francs que l'Administration vous propose pour l'exercice prochain nous semble insuffisante et la prévision totale pourrait, pour les raisons qui vous sont fournies dans l'exposé des motifs, être portée de 90.000 à 100.000, sans que nous ayons à redouter une moins-value, malgré le doute émis à ce sujet au sein de la Commission coloniale par M. le Directeur de l'Intérieur.

Droit de capitation. — Bien que le Département n'ait encore donné aucune solution aux votes du Conseil au sujet de cet impôt, et que l'Administration n'ait cru devoir inscrire de ce chef aucune prévision, nous croyons qu'il est du devoir du Conseil d'insister une fois de plus pour obtenir du Gouvernement métropolitain l'application de l'impôt de capitation

Cette mesure, en assurant au budget local une source considérable de revenus, serait en outre bien accueillie par la population blanche qui n'aurait à s'imposer qu'un bien faible sacrifice, et par les indigènes qui verraient là un premier pas vers une assimilation, lointaine peut-être, et vers l'affranchissement de la tutelle peu paternelle de leurs chefs.

Votre Commission vous propose de maintenir le chiffre de 100,000 francs déjà inscrit de ce chef au budget de l'exercice courant.

Les deux augmentations qui précèdent porteraient le total des contributions directes de 217,000 francs à 327.000 francs en adoptant pour ce paragraphe les autres évaluations de l'Administration·

Contributions indirectes

Droits de consommation sur les liquides. — Les prévisions inscrites au projet de budget ne nous paraissent devoir subir aucune modification, sauf les droits de consommation sur les liquides qui peuvent sans aucun inconvénient être portés de 500,000 à 510,000 francs.

A propos de ces droits, votre Commission croit devoir attirer votre attention sur les distilleries et fabriques de liqueurs installées au Chef-lieu.

Elle a invité l'Administration à vous présenter un projet permettant de suivre les opérations de ces distilleries et de réglementer leur fabrication.

Taxe spéciale sur le tabac indigène

Nous croyons devoir vous présenter quelques observations au sujet de la protection accordée au tabac indigène.

Depuis de longues années, le Conseil général, voulant protéger et encourager la culture du tabac, accorde une prime aux tabacs de production locale à leur entrée à Nouméa. Cette prime était autrefois de 2 fr. 40, elle a été réduite à la session budgétaire de 1888. A la même époque, le Conseil, sur la proposition de M. Puech, décidait que la mesure serait applicable pendant une période de 5 années.

Pour vous tous, Messieurs, qui êtes au courant de cette question, il est aujourd'hui prouvé que cette prime loin de profiter à l'agriculteur, à celui qui travaille et produit en réalité, va directement au manufacturier et se trouve ainsi détournée de sa véritable affectation.

Le tabac en feuille que les cultivateurs vendaient autrefois 1 franc et 1 fr. 10 le kilogramme, n'est plus payé aujourd'hui que 0 fr. 70 à 0 fr. 80 ; la prime aurait donc eu pour résultat de faire diminuer le prix payé aux producteurs.

Le but que le Conseil se proposait, est donc loin d'être atteint ; il y a là une réforme à étudier pour que désormais le planteur, seul, puisse bénéficier des avantages que le Conseil a entendu lui créer, pour qu'en un mot la prime, qu'elle qu'en soit la quotité, puisse directement et uniquement lui profiter.

Divers produits et revenus

Votre Commission n'a aucune modification à vous proposer pour ce qui concerne les produits du domaine ; mais il y a lieu, à son avis, de porter de 140.000 à 150.000 francs, les recettes à prévoir pour les « Mines et forêts» en inscrivant séparément les évaluations des « Mines » et celles des « forêts ».

Nous vous proposons également les modifications ci-après :

1° Une augmentation de 1.500 francs pour les droits à percevoir sur les mandats d'article d'argent qui se trouveraient portés de 3.500 francs à 5.000 francs.

Cette augmentation se justifie par la nécessité où se trouve l'Administration d'assurer l'envoi des fonds de Nouméa dans l'intérieur de la colonie. Le droit perçu, pour le compte du Service local, est de 0 fr. 15 %, alors que l'Administration paie au transporteur 1 franc pour cent. Il y a lieu d'ajouter les frais de trésorerie qui s'élèvent à 0 fr. 25.

Votre Commission estime qu'il est nécessaire de porter à 1 fr. 25 le droit qui n'était jusqu'à ce jour que de 0 fr. 15 pour assurer au trésor une recette correspondante aux dépenses qui lui incombent de ce chef.

Elle vous propose aussi d'élever de 1.000 francs le crédit de 30.000 inscrit sous la rubrique Recettes diverses.

Le total des recettes diverses se trouverait ainsi porté à 130.000 francs.

Votre Commission est d'avis de faire figurer au titre des recettes diverses, sommes perçues jusqu'à ce jour par le vétérinaire pour la visite des animaux introduits dans la colonie, et dont le montant devrait logiquement profiter au trésor local.

Recettes de l'Immigration

Les prévisions du projet de budget nous semblent pleinement justifiées ; nous croyons cependant qu'il serait préférable de créer un budget spécial pour cet important service.

Les indigènes effectuent des dépôts d'argent qui d'après l'avis d'un membre de votre Commission, devraient être versés à la caisse des Dépôts et Consignations.

D'un autre côté les choses seraient simplifiées en ce sens que le service de l'Immigration, ayant son budget séparé, serait en relation directe avec le Trésor.

Quelques modifications nous paraissent en outre nécessaires en ce qui concerne les engagements, afin d'atténuer pour les engagistes les frais d'un contrat de courte durée.

L'Administration d'ailleurs partage la manière de voir de votre Commission ; elle vous présentera au cours de la session, un projet de réforme à ce sujet.

En résumé, Messieurs, par suite des modifications que votre Commission soumet à votre approbation, le total des crédits qu'elle vous propose d'adopter s'élève à :

Contributions directes..............	327.000
dᵒ indirectes..............	1.180.200
Divers produits et revenus..........	1.097.900
Total........	2.605 100
Prévision de l'Administration	2.472.600
Différence en plus............	132.500

Cette différence est peu importante ; mais, ainsi que nous l'avons dit en commençant l'examen du budget, elle ne représente pas le total de nos *desiderata* à ce sujet. D'après les chiffres de l'exposé des motifs, le total des excédents du précédent exercice et les recettes effectuées à ce jour sur l'exercice en cours, il est indiscutable que les prévisions peuvent être augmentées pour 1892 dans une proportion bien plus considérable. Votre Commission, Messieurs, à voulu se borner à attirer votre attention sur ce point, d'autant plus que les évaluations de l'Administration, permettent d'ouvrir chaque année des crédits supplémentaires, pour une valeur de 3 à 400.000 francs, dont la discussion échappe au Conseil général.

BUDGET DES DÉPENSES

Votre Commission s'est bornée à vous présenter quelques observations sur le projet de budget des dépenses, préférant vous laisser l'initiative des modifications que vous croirez devoir y apporter dans l'intérêt de la colonie.

Elle a cru cependant devoir vous dire quelques mots de certaines dépenses, dites obligatoires, sur lesquelles, chaque année, vous demandez des diminutions sans pouvoir obtenir satisfaction.

D'autre part elle vous invite à ne pas perdre de de vue que, dans le cas où votre intention serait de faire un prélèvement sur les fonds de réserve, il serait nécessaire que vous ouvriez un compte de Recette et des dépenses au titre extraordinaire ; le décret de 1882 vous en fait une obligation.

Administrateurs

Vous ne serez pas surpris, Messieurs, d'entendre votre Commission coloniale protester de nouveau contre les procédés du Département qui nous impose huit administrateurs, alors que de l'aveu même de l'Administration, trois suffiraient largement pour assurer la bonne marche du service.

Qu'on multiplie le nombre de ces fonctionnaires dans les pays où les communications télégraphiques n'existent pas, où il n'y a pas comme ici un service régulier de vapeurs, cela s'explique; mais, en Nouvelle-Calédonie, où un réseau de lignes télégraphique admirablement établi met en communication tous les points du territoire, où des postes militaires veillent à la sécurité des colons, où des brigades de gendarmerie assurent une surveillance effective, où des commissions municipales fonctionnent régulièrement sous le contrôle de la Direction de l'Intérieur, où il y a enfin des justices de paix, que deviennent les admininistrateurs ? Quel rôle remplissent-ils ?

Il y a bien longtemps, Messieurs, qu'il a été démontré pour la première fois que les Administrateurs ne pouvaient rendre aucun service à la colonie.

Ces messieurs, dont un arrêté qui a soulevé des protestations unanimes, a fait plus que des préfets, — car les préfets n'ont pas en France des attributions aussi étendues que les administrateurs dans nos arrondissements, — ont contribué le plus souvent à désorganiser les commissions municipales ; ils ont découragé, par leur intervention, les hommes de bonne volonté qui avaient pris à tâche de s'occuper des intérêts des centres qui les avaient choisis, et n'ont fait le plus souvent qu'apporter des obstacles aux bonnes relations des communes avec l'Administration.

Inutile d'insister sur ce point ; nous connaissons à cet égard, la manière de voir du Conseil, et nous sommes convaincus que cette année, comme les années précédentes, il exprimera son vif désir au Département de voir réduire dans une forte proportion le nombre de ces fonctionnaires.

Néanmoins nous croyons utile d'insister au sujet de l'Administrateur résidant aux îles Wallis. Votre Commission serait bien aise d'apprendre d'une façon officielle ce que fait ce fonctionnaire dans sa résidence et quels sont les rapports qui existent entre lui et le gouvernement de la colonie.

En attendant que le Département ait fait droit à nos légitimes désirs, nous pensons qu'il serait bon de repousser le crédit de 16,800 figurant au budget de 1892, sous la rubrique : *Frais de déplacement aux administrateurs.*

A l'origine, les administrateurs se faisaient rembourser sur état, leurs frais de déplacement Ils se déplaçaient beaucoup à cette époque. L'Administration, se rendant compte des abus commis, a proposé d'attribuer à chacun d'eux une allocation fixe qui leur est payée régulièrement, qu'ils aient voyagé ou non.

Depuis ce jour, ils ne se déplacent plus du tout. Dans ces conditions nous demandons qu'on en revienne à l'ancien système de remboursement sur état, avec cette condition expresse que, seuls, seront remboursés les frais nécessités par des déplacements commandés.

Immigration

Nous croyons utile de vous donner quelques renseignements au sujet du budget des affaires indigènes et de l'immigration.

D'abord au sujet des deux commissaires du Gouvernement pour le recrutement des néo-hébridais.

Ce sont, vous le savez, deux médecins, dont le traitement incombe au Service Local, ainsi que cela résulte des instructions ministérielles envoyées à cet effet.

L'un d'eux est actuellement à Canala, le second réside à Nouméa, mais c'est la conséquence d'une permutation avec un médecin du cadre colonial qui se trouve en ce moment à bord du *Sceptique*.

Les opérations de recrutement ont diminué; cette circonstance a permis d'envoyer à Canala un médecin qui y sera maintenu jusqu'au jour où sa présence sera nécessaire à bord d'un navire recruteur. De cette façon on a pu, tout en assurant le service, laisser aux habitants de Païta, le médecin qu'ils auraient vu partir à regret.

Nous avons déja dit quelques mots, à propos des recettes, de la question du budget du Service de l'immigration.

Ce service a en caisse une somme relativement élevée provenant des dépôts volontaires effectués par les indigènes, d'autre part, en raison de son importance, nous croyons qu'il serait sage de lui établir un budget spécial.

Votre Commission croit devoir attirer votre attention sur la nécessité d'une décision à prendre à cet égard, elle a du reste invité l'Administration à vous présenter un projet dans le cours de la session.

Police

Le chiffre prévu pour la Police, au budget de 1892, nous a paru excessif, et nous estimons qu'il y a lieu de le ramener à celui voté pour l'exercice 1890.

Les dépenses de police constituent une lourde charge pour le budget de la colonie; et, plusieurs fois déja, vous avez demandé que l'Administration pénitentiaire y participât.

Bien que le Département n'ait pas cru devoir faire droit à cette juste réclamation, nous pensons qu'il faut continuer à la formuler, car il est souverainement injuste de nous imposer la totalité d'une dépense aussi considérable, alors qu'elle pourrait être diminuée des trois quarts au moins, si nous n'avions en Nouvelle-Calédonie ni la Transportation ni la Relégation.

En attendant une solution favorable, nous estimons qu'il nous est dès à présent possible de la réduire, dans la proportion que nous avons indiquée plus haut, et cela en invitant tout simplement l'Administration à rentrer dans la légalité en ce qui concerne la relégation collective.

Il y a en ce moment à Nouméa 300 relégués environ, dont une vingtaine de femmes, sans compter ceux en grand nombre qui, engagés chez des colons de la brousse, ont rompu leur engagement, et trouvent moyen de rester au chef-lieu et d'y vivre de rapines, jusqu'au jour où la police réussit à mettre la main sur eux. On peut évaluer à cinquante en moyenne le nombre des relégués en rupture d'engagement qui se cachent à Nouméa.

Sur les 300, en chiffre rond, dont la présence au chef-lieu est officiellement constatée, les deux tiers se composent de relégués collectifs, venus des dépôts ou des sections mobiles pour s'engager chez des particuliers.

Cette manière de faire est absolument contraire aux dispositions du décret du 25 novembre 1885 sur la relégation.

« La relégation collective, dit l'article 3 de ce décret, consiste dans l'internement sur un territoire déterminé des relégués qui n'ont pas été, soit avant, soit après leur envoi hors de France, reconnus aptes à bénéficier de la relégation individuelle. *Ces relégués sont placés dans des établissements où l'Administration pourvoit à leur subsistance, et ils sont astreints au travail.* »

Cet article est formel.

Depuis la création des sections mobiles, certaines modifications ont été nécessairement apportées à ce décret ; mais ces modifications ne donnent pas le droit

d'autoriser les relégués collectifs à contracter des engagements *en dehors des territoires qui sont affectés à la relégation par décret.*

Dans ces conditions, Messieurs, nous croyons qu'il
serait bon d'inviter l'Administration à se conformer
strictement aux décrets et règlements relatifs à la relégation, ce qui, en nous débarassant d'une foule d'individus dont la surveillance augmente considérablement le
travail de la police, nous permettrait de ne pas augmenter le personnel, et de ramener au chiffre de 1890, le crédit proposé pour ce chapitre.

Nous ne devons pas perdre de vue que, sur un budget
de près de trois millions, deux millions et demi sont
employés à payer les frais d'administration, et que le
Département, loin de nous aider à nous créer un sup-
plément de ressources, nous empêche de tirer le moindre
avantage des richesses exportées de la colonie.

On ne saurait donc nous faire un reproche d'inviter
ses représentants à ne pas augmenter nos charges.
L'élément pénal nous coûte déjà assez cher. Vous savez
les dépenses considérables que nous sommes obligés de
faire chaque année pour la construction et l'entretien
de postes de gendarmerie et de police de la brousse ; il
est de notre devoir de veiller à ce qu'on limite ces dépenses au strict nécessaire.

En réintégrant dans les dépôts et sur les territoires
qui leur sont affectés tous les relégués collectifs qui se
trouvent dans la colonie, nous avons la conviction que
le crédit demandé au chapitre Police pourra sans inconvénient être ramené à celui de l'exercice 1890, et, peut-
être, diminué encore l'année prochaine, après expérience
faite.

Nous espérons donc que le Conseil général tout entier
appuiera cette proposition. En dehors d'une question de
sécurité pour la population, cette mesure aurait pour
résultat une économie importante ; deux raisons qui,
nous n'en doutons pas, la feront bien accueillir par
vous.

Postes et Télégraphes

Une augmentation de crédit de 4,933 fr. 10 a été demandée pour le service de télégraphie optique qui relie l'île des Pins au cap N'Doye. Votre Commission, à cette occasion, a demandé à l'Administration la mise à la disposition du public de ce moyen de communication.

Justice

Une somme de 1,000 francs figure à cet article du budget, pour indemnité de logement au juge de paix de Nouméa. Nous croyons que cette allocation pourrait être supprimée, ce fonctionnaire est, en effet, le seul qui touche cette indemnité, et c'est là une exception que rien ne justifie.

Instruction publique

L'Administration a attiré notre attention sur le système employé pour l'instruction donnée aux indigènes, système dont les résultats sont aussi mauvais que possible.

Elle pense que, sans augmenter les prévisions budgétaires, il serait possible de remplacer les instituteurs indigènes par des européens.

Votre Commission partage absolument cette manière de voir et la recommande tout spécialement à l'examen du Conseil.

Ponts et chaussées

Nous vous proposons, Messieurs, la suppression, à l'article 1ᵉʳ, personnel, d'une somme de 18.565 francs constituant la solde d'un Directeur des Travaux publics et des mines, et celle de 14.714 fr. 10, attribuée à un chef de service des Ponts et chaussées.

Le personnel dirigeant des Ponts et chaussées est inscrit au budget de 1892 pour une somme de 110.835 francs, en augmentation de près de 60.000 sur l'exercice 1888.

Votre Commission estime qu'en allouant des frais de service à un conducteur intelligent et actif, le service marcherait au moins aussi bien que maintenant. Elle n'hésite donc pas à vous proposer cette mesure qui vous permettra de réaliser une économie importante

---

Travaux de grosses réparations

Nous pensons qu'il y a lieu de supprimer, à ce paragraphe, une somme de 6000 francs destinée à la construction, à l'Orphelinat, d'un bâtiment d'isolement pour les individus atteints de maladies contagieuses.

Si, sous la dénomination de maladies contagieuses, on a compris les maladies graves, se propageant d'une façon épidémique, l'endroit est mal choisi. Ce n'est pas en effet au milieu d'une agglomération d'indigènes et de chinois qu'il faut placer les sujets atteints de maladies de ce genre ; il y aurait là un foyer d'infection tout préparé.

Si au contraire, il s'agit tout simplement des maladies de peau, c'est une dépense inutile. Les maladies de peau, aujourd'hui, guérissent rapidement et l'isolement du malade n'est pas nécessaire.

Dans l'un et l'autre cas cette dépense n'a pas sa raison d'être.

Route de Bourail à la mer

Une somme de 6.000 francs a été prévue au budget pour les réparations et l'achèvement de la route de Bourail à la mer.

Votre Commission vous propose de porter ce crédit à 10.000 francs.

Bourail est un centre important qui se développe tous

les jours. Les exploitations agricoles y sont nombreuses et il lui faut une voie de communication bien établie avec le poste de la mer. C'est une condition essentielle à sa prospérité. Depuis longtemps les habitants de Bourail se plaignent des difficultés qu'ils éprouvent à transporter leurs marchandises au point d'embarquement. Nous estimons qu'une somme de 10.000 francs est nécessaire pour faire un travail durable et en rapport avec l'importance du qu il est appelé à desservir.

Continuation des travaux du quai

Le crédit de 60.000 francs inscrit au projet de budget a paru insuffisant à votre Commission. Elle vous propose de l'élever à 80.000 et plus si nos finances le permettent.

Les travaux du quai doivent être poussés activement et sans interruption. Le système qui a été pratiqué jusqu'à présent est ruineux, et l'expérience qui en a été faite aux dépens de la colonie, vous engagera, nous l'espérons, à approuver notre proposition.

Etudes du chemin de fer

Nous n'avons reçu aucun renseignements sur l'étude du chemin de fer. L'Administration vous présentera un rapport au cours de la session.

Mines

Votre Commission a attiré l'attention de l'Administration sur l'exiguité du bâtiment affecté au service des mines et elle l'a invité à vous présenter un projet d'agrandissement des bureaux, ou à le faire transférer dans un local mieux en rapport avec l'importance de ce service.

Les Membres de la Commission coloniale,   *Le Rapporteur*
DÉZARNAULDS, OULÈS, SIMON (Ch.-M.)   A. ROGER.